BEI GRIN MACHT SICH IHR WISSEN BEZAHLT

- Wir veröffentlichen Ihre Hausarbeit, Bachelor- und Masterarbeit

- Ihr eigenes eBook und Buch - weltweit in allen wichtigen Shops

- Verdienen Sie an jedem Verkauf

Jetzt bei www.GRIN.com hochladen und kostenlos publizieren

Ugur Ataman

Cloud Computing - Vor- und Nachteile im Bereich eBusiness

GRIN Verlag

Bibliografische Information der Deutschen Nationalbibliothek:

Die Deutsche Bibliothek verzeichnet diese Publikation in der Deutschen National-
bibliografie; detaillierte bibliografische Daten sind im Internet über http://dnb.d-
nb.de/ abrufbar.

Impressum:

Copyright © 2013 GRIN Verlag GmbH
Druck und Bindung: Books on Demand GmbH, Norderstedt Germany
ISBN: 978-3-656-54043-4

Dieses Buch bei GRIN:

http://www.grin.com/de/e-book/263805/cloud-computing-vor-und-nachteile-im-
bereich-ebusiness

GRIN - Your knowledge has value

Der GRIN Verlag publiziert seit 1998 wissenschaftliche Arbeiten von Studenten, Hochschullehrern und anderen Akademikern als eBook und gedrucktes Buch. Die Verlagswebsite www.grin.com ist die ideale Plattform zur Veröffentlichung von Hausarbeiten, Abschlussarbeiten, wissenschaftlichen Aufsätzen, Dissertationen und Fachbüchern.

Besuchen Sie uns im Internet:

http://www.grin.com/

http://www.facebook.com/grincom

http://www.twitter.com/grin_com

Hochschule
für Oekonomie & Management
University of Applied Sciences

FOM Hochschule für Oekonomie & Management in Düsseldorf

Berufsbegleitender Studiengang zum

Bachelor of Science (B.Sc.) - Wirtschaftsinformatik

5. Semester

Seminararbeit in E-Business & Cloud Computing

Cloud Computing - Vor- und Nachteile im Bereich eBusiness

Verfasser: Ugur Ataman

Eingereicht am: 30. Juni 2013

Inhaltsverzeichnis

Abbildungsverzeichnis

Tabellenverzeichnis

Abkürzungsverzeichnis

SaaS	Software as a Service
PaaS	Plattform as a Service
IaaS	Infrastructure as a Service
IT	Informationstechnik

1 Einleitung

1.1 Motivation

Mittlerweile sehen sich die Unternehmen in westlichen Industriestaaten in einem Zeitalter, bei dem es eine steigende Flexibilität sowie Geschwindigkeit der wirtschaftlichen Prozesse zu sehen ist. Die IT-Abteilungen sind immer wieder aufgefordert, schnell und flexibel auf geschäftliche Anforderungen zu reagieren.

Cloud Computing ist ein aktuelles Schlagwort in der IT-Branche. Immer mehr Cloud-Anbieter drängen sich auf den Markt und viele Unternehmen sammeln gegenwärtig erste Erfahrung mit dem Einsatz von Cloud Computing. Es ist festzustellen, dass Cloud-Lösungen bei Unternehmen immer beliebter werden. Ein Viertel (28 Prozent) aller Unternehmen in Deutschland nutzen bereits Cloud Computing. Zwei Drittel von diesen Unternehmen haben bereits positive Erfahrungen gemacht[1]. Die moderne IT ist insbesondere bei kleinen und mittelständischen Unternehmen ein wichtiger Faktor für den wirtschaftlichen Erfolg sowie deren Wachstum. Experten bezeichnen Cloud Computing als einen der relevantesten Katalysatoren für Innovationen, denn Cloud Computing bietet für das Technologieland Deutschland große Chancen. Dabei profitiert die gesamte deutsche Wirtschaft.

1.2 Zielsetzung

Ziel dieser Seminararbeit ist es, auf die Vor- und Nachteile von Cloud Computing im Bereich eBusiness genauer einzugehen.

1.3 Vorgehensweise

Die vorliegende Seminararbeit besteht aus weiteren vier Kapiteln. Im Rahmen dieser Seminararbeit wird in Kapitel zwei zunächst auf die Grundlagen von Cloud Computing eingegangen. Dabei befasst sich das Kapitel mit der Definition, dem aktuellen Entwicklungsstand, den Eigenschaften sowie mit der Vorstellung der Liefer- und Servicemodellen von Cloud Computing.

---

[1] Vgl. Microsoft.com (2012).

Das nächste dritte Kapitel befasst sich mit der Analyse, welche sich auf die Vor- und Nachteile der Servicemodelle von Cloud Computing bezieht. Darauf aufbauend folgt in Kapitel vier ein Fazit, wobei eine Zusammenfassung der Ergebnisse wiedergegeben wird. Abschließend gibt die Seminararbeit am Ende dieses Kapitels einen Ausblick auf die zukünftige Relevanz von Cloud Computing wieder.

2 Grundlagen

2.1 Definition

Es gibt keine einheitliche und standardisierte Definition für den Begriff Cloud Computing. Jedoch interpretieren verschiedene Autoren diesen Begriff auf unterschiedlicher Weise[2].

Die Definition von Baun et. Al. lautet: „Cloud Computing erlaubt die Bereitstellung und Nutzung von IT-Infrastruktur, von Plattformen und von Anwendungen aller Art als im Web elektronisch verfügbare Dienste,"[3]. „Eine genauere Definition von ebenfalls von Baun et al. lautet wie folgt: Unter Ausnutzung virtualisierter Rechen- und Speicherressourcen und moderner Web-Technologien stellt Cloud Computing skalierbare, netzwerk-zentrierte, abstrahierte IT-Infrastrukturen, Plattformen und Anwendungen als o nDemand Dienste zur Verfügung. Die Abrechnung dieser Dienste erfolgt nutzungsabhängig"[4]. Eine weitere anerkannte, formale Definition stammt vom National Institute of Standards and Technology: „Cloud Computing ist ein Modell, das einen komfortablen, bedarfsabhängigen und netzwerkbasierten Zugriff auf einen gemeinsam genutzten Pool konfigurierbarer Rechenressourcen (z. B. Netzwerke, Server, Speicher, Anwendungen und Services) ermöglicht, die schnell, mit minimalem Managementaufwand und minimaler Interaktion des Serviceanbieters bereitgestellt und freigegeben werden können"[5].

Der Begriff Cloud bedeutet wortwörtlich Wolke und repräsentiert das Internet. Es bezieht sich auf Dienste, die Cloud-Anbieter im Internet bzw. im Intranet von größeren Unternehmen angeboten werden. Die Dienste sind keine neuen Technologien, sondern zusammengefasste Dienste, welche durch das Internet angeboten werden. Die Abrech-

---

[2] Vgl. Baun, C. et al. (2011), S. 1.
[3] Baun, C. et al. (2011), S. 1.
[4] Seidl, D. (2011), S. 3.
[5] Vgl. bsi.bund.de (2013).

nung erfolgt dabei stets nach Verbrauch. Auch die Nutzer von Cloud-Services können mit dem Anbieten von Diensten im Internet bzw. Intranet ihre eigenen Angebote besitzen[6]. Dabei ist es hervorzuheben, dass Cloud Computing keine konkrete Technologie ist, sondern vielmehr ein Konzept, welche mögliche technische Realisierungen beschreibt.

2.2 Aktueller Entwicklungsstand

In den letzten Jahren hat die Entwicklung von Cloud Computing-Diensten durch den Einsatz und die Investition von großen und bekannten Unternehmen sehr stark zugenommen. Zu diesen großen und bekannten Unternehmen, die Anbieter von Internetdiensten sind, gehören Google, Amazon und Microsoft. Diese Unternehmen haben erkannt, dass sich mit der Entwicklung von Cloud Computing ein neuer Markt mit großem Potential und hohen Gewinnen eröffnet. „Amazon Simple Storage Service", kurz Amazon S3 ist im März 2006 als einer der ersten Dienste dieser Art erschienen. Es ist ein Speicherungsdienst auf Basis der Cloud-Architektur. Ein weiterer Dienst „Amazon Elastic Compute Cloud", kurz Amazon Ec2 ist August 2006 erschienen und ist ein Computing-Dienst auf Basis der Cloud-Architektur.

Der Markt für Cloud Computing wird nicht nur von großen Firmen geführt. Auch kleinere Unternehmen wie Box.net oder Salesforce.com haben sich auf bestimmte Bereiche der Cloud-Architektur spezialisiert und auf dem Markt etabliert. Die Spezialisierung von kleineren Unternehmen als auch die Bestrebungen der großen Unternehmen hat die Entwicklung von Cloud Computing in den letzten Jahren positiv beeinflusst. Beobachtet man den Cloud Computing Markt, ist es zu sehen, dass die Zahl der Angebote von on-Demand-Internetdiensten steigt[7].

2.3 Eigenschaften von Cloud Computing

Zu den Angeboten von Cloud Computing sind die folgenden fünf essentiellen Eigenschaften zuzuordnen:

---

[6] Vgl. Baun, C. et al (2011), S. 1-2.
[7] Vgl. Seidl, D. (2011), S. 5.

Automatische Diensterbringung auf Anforderung:

Der Nutzer kann die Dienste und Ressourcen auf Anforderung und selbständig abrufen, ohne dass eine menschliche Interaktion mit dem Anbieter erforderlich wird[8].

Schnelle Elastizität:

Je nach Bedarf werden die gebrauchten IT-Ressourcen schnell bereitgestellt. Die zur Verfügung stehenden Ressourcen können dabei beliebig hoch skaliert werden[9].

Netzwerkbasierter Zugriff:

Durch die Verwendung von Standardtechnologien (Internet, dedizierte Netzwerke, Virtual Private Networks etc.) kann der Zugriff auf die Dienste über das Internet erfolgen[10].

Ressourcenteilung:

Die Cloud-Technologie ermöglicht heute mit seiner hohen Leistungsfähigkeit die Installation von mehreren virtuellen Systemen auf einer Hardware. Die virtuellen Systeme teilen sich dabei den Speicher, die Bandbreite sowie die Leistung und können parallel ausgeführt werden. Dadurch wird es ermöglicht, für multiple Nutzer eine parallele Diensterbringung zu erlauben[11].

Messbare Dienste:

Es besteht die Möglichkeit, eine quantitative und qualitative Messbarkeit der Dienste durchzuführen. Somit ist eine nutzungsabhängige Abrechnung und Validierung der Dienstqualität gegeben[12].

2.4 Liefermodelle

Cloud-Services werden anhand der unterschiedlichen Berechtigungen in verschiedene organisatorische Arten unterteilt. Bei diesen organisatorischen Arten betrachtet man hauptsächlich die Art und Weise, wie und wo Cloud-Services betrieben werden. Die Liefermodelle werden Private Cloud, Public Cloud und Hybrid Cloud bezeichnet.

---

[8] Vgl. Baun, C. et al. (2011), S. 5.
[9] Vgl. Baun, C. et al. (2011), S. 6.
[10] Vgl. Baun, C. et al. (2011), S. 5.
[11] Vgl. Baun, C. et al. (2011), S. 5.
[12] Vgl. Baun, C. et al. (2011), S. 6.

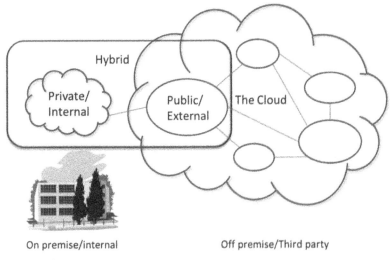

On premise/internal   Off premise/Third party

Cloud Computing Types

Abbildung 1: Typen von Cloud Computing. Entnommen aus synergygs.com[13]

2.4.1 Private Cloud

Bei Private Cloud wird die Cloud-Infrastruktur nur für das eigene Unternehmen betrieben und kann im eigenen Rechenzentrum des Unternehmens oder eines anderen Unternehmens stehen. Dabei wird die IT-Infrastruktur individuell auf die Geschäftsprozesse des Unternehmens angepasst. Der Zugang ist beschränkt. Die Berechtigung besitzt das Unternehmen selbst, autorisierte Geschäftspartner, Kunden und Lieferanten. Der Zugriff auf die Cloud-Umgebung erfolgt i.d.R. über ein Intranet beziehungsweise über ein Virtual Private Network[14].

2.4.2 Public Cloud

Das am häufigsten verwendete und bekannteste Liefermodell ist Public Cloud. Unter einer Public Cloud wird eine Cloud-Umgebung verstanden, die einem IT-Dienstleister gehört und auch von diesem betrieben wird. Der Cloud-Anbieter stellt seine Dienste der

---

[13] synergygs.com.
[14] Vgl. BITKOM-Leitfaden (2009), S 32.

Allgemeinheit oder mehreren Kunden öffentlich zur Verfügung. Die virtualisierte Infrastruktur wird geteilt, da die Cloud-Services von der Allgemeinheit oder von vielen
Kunden (Unternehmen) genutzt wird. Der Zugang auf diese Cloud-Umgebung erfolgt
über das Web. Hinzu kommt, dass die Applikation nicht mehr intern im Unternehmen,
sondern extern beim IT-Dienstleister ausgeführt wird[15].

2.4.3 Hybrid Cloud

Das dritte Liefermodell Hybrid Cloud ist eine Mischform und beinhaltet das Private
Cloud Liefermodell und das Public Cloud Liefermodell. Die zwei oder sogar mehrere
eigenständige Cloud-Infrastrukturen werden miteinander verknüpft, mit dem Ziel, die
Vorteile beider Varianten nutzen zu können.

2.5 Servicemodelle

Cloud Computing, welches ein Überbegriff für alle über das Internet bereitgestellten,
gehosteten Dienstleistungen steht, besteht aus drei relevanten Servicemodellen. Die
Gliederung erfolgt in drei Schichten "Infrastruktur", "Plattform" und "Anwendung" und
können in einer Pyramidenform dargestellt werden. Alle drei Ebenen bauen aufeinander
auf. Dies muss aber nicht zwangsläufig der Fall sein. Die höheren, abstrakteren Schichten nutzen die Dienste der tieferen, konkreteren Ebenen. Die unterste Schicht ist Infrastructure as a Service (IaaS), die mittlere Platform as a Service (PaaS) und die höchste
Abstraktion ist Software as a Service (SaaS). Im weiteren Verlauf werden auf die drei
Servicemodelle näher eingegangen[16].

---

[15] Vgl. BITKOM-Leitfaden (2009), S 32.
[16] Vgl. Meinel, C. et. al (2011), S. 30.

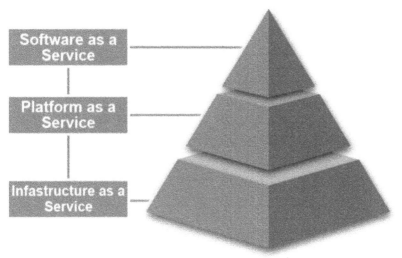

Abbildung 2: Cloud Ebenen. Entnommen aus heike-wiesner.de[17]

2.5.1   Infrastructure as a Service (IaaS)

Die unterste Ebene Infrastructure as a Service (IaaS) umfasst die Auslagerung der gesamten IT-Infrastruktur auf unternehmensexterne Dienstleister. Für den Nutzer wird hier eine abstrahierte Sicht auf Hardwareressourcen zur Verfügung gestellt. Die gesamte Infrastruktur, wie Server, Rechenleistung, Speicherplatz, Rechenzentrum, Router, Archivierungs- und Backup-Systeme etc. wird für den Kunden durch eine virtuelle Maschine zur Verfügung gestellt[18].

2.5.2   Platform as a Service (PaaS)

Mit der mittleren Ebene Platform as a Service (PaaS) wird anstelle von Hardware wie virtueller IT-Infrastruktur (IaaS – Infrastructure as a Service) oder der Bereitstellung fertiger Software (SaaS – Software as a Service) eine Laufzeit- oder Entwicklungsumgebung für den Software-Architekten oder Anwendungsentwickler bereitgestellt. Dies

---

[17] heike-wiesner.de.
[18] Vgl. Forschepoth, M., Frischbier, A. (2011), S. 6.

bedeutet, dass das Basisprogramm als Dienstleistung, also das gesamte Betriebssystem und die notwendige Middleware als ein Dienst bereitgestellt wird[19].

2.5.3 Software as a Service (SaaS)

Die höchste Abstraktion SaaS bedeutet Software as a Service (Software als Service). Während bei IaaS die eigene Anwendung erstellt werden muss, steht bei SaaS die Benutzung der fertigen SaaS-Anwendung im Vordergrund. SaaS ist ein Service, wobei die Anwendung auf Nachfrage „on Demand" zur Verfügung gestellt wird. Der SaaS-Anbieter stellt dem Nutzer die notwendige Infrastruktur sowie die fertige SaaS-Anwendung über das Internet zur Verfügung[20].

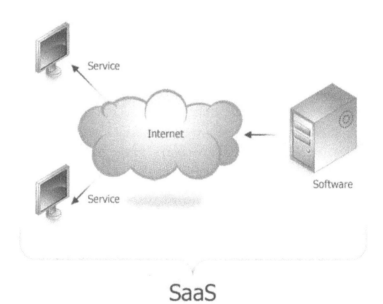

Abbildung 3: SaaS. Entnommen aus c.teamwox.com[21]

---

[19] Vgl. Schwarzmeier, S. (2012), S. 15.

[20] Vgl. Melzer, I. (2010), S. 357.

[21] c.teamwox.com.

3 Analyse/ Vor- und Nachteile

3.1 Infrastructure as a Service (IaaS)

Der IaaS-Anbieter bietet dem Nutzer komplette IT-Infrastrukturen als Dienstleistung zum Mieten an.

Der Anbieter kümmert sich um die Einrichtung, die Upgrades den Betrieb sowie um die Wartung der virtuellen IT-Infrastruktur. Der Vorteil ist hierbei, dass der Administrationsaufwand für den Nutzer sich nur auf die einzurichtende Software bezieht. Dadurch kann der Nutzer selber entscheiden, welches Betriebssystem eingesetzt werden soll[22]. Es stehen keine Investitionskosten für die IT-Infrastruktur an, sondern nur der Aufwand für das Betriebssystem sowie für die benötigten Anwendungen. Im Vergleich zu bestehenden Hosting-Angeboten wird hier hohe Kosteneffizienz durch die Nutzung der virtualisierten IT-Infrastruktur erreicht. Mit dem Betrieb eines eigenen Rechenzentrums würden hohe Investitions- und Betriebskosten entstehen. Neben den Kostenvorteilen, bietet IaaS hohe Skalierbarkeit und Flexibilität. Die Rechenleistung kann je nach Anwendungsfall bedarfsgerecht zugeteilt werden. Die Verwaltung der Recheninstanzen wird dabei vom Nutzer selbst geregelt. Die hohe Flexibilität kann für eigene Anwendungen, die im Unternehmen genutzt als auch für Anwendungen, die an Kunden weiterverkauft werden, eingesetzt werden. Eine fertig eingerichtete und in Betrieb genommene virtuelle Maschine kann auch je nach Bedarf kopiert und in weiteren virtuellen Maschinen ausgeführt werden. Hierbei ist der Vorteil, dass sich der Aufwand für die Installation und Konfiguration nur auf eine einzige Maschine bezieht. Dieser Vorteil besteht bei physikalischen Rechnern nicht. Zu den weiteren Vorteilen bei IaaS gehören die dynamische Nutzung der Rechenkapazität und die Abrechnung nach der tatsächlich verbrauchten Menge. Durch diese nutzungsabhängige Bezahlung entsteht somit aus kostentechnischer Sicht ein Vorteil für ein optimales Geschäft. Dabei erfolgt die Berechnung für die Miete der IT-Infrastruktur üblicherweise in Minuten oder Stunden und die Nutzungsdauer wird durch den Nutzer festgelegt. Des Weiteren gehört auch die Lastverteilung zum Verantwortungsbereich des Anbieters. Dies bedeutet, dass der Anbieter die ständige Verfügbarkeit der Leistungen garantieren muss[23]. Die kompletten virtuellen Hard-

---

[22] Vgl. Carlson, I. (2012), S. 50.
[23] Vgl. Meir-Huber , M. (2011), S. 24.

ware Ressourcen werden als Service über das Internet zur Verfügung gestellt und brin-
gen somit durch die weltweite Zugriffsmöglichkeit einen Vorteil mit.

Neben den vielen Vorteilen, die eine IaaS-Lösung anbietet, gibt es auch Nachteile. Der
Hauptnachteil ist, dass eine Abhängigkeit vom Cloud-Anbieter besteht. Dabei kommt
hinzu, dass für den Nutzer die Kontrolle über die Hardware nicht besteht und die sensiblen Daten beim externen Dienstleister abgelegt und gespeichert werden. Dadurch kann
es für die Nutzer keine Privatsphäre mehr geben. Außerdem können die Daten auch je
nach Cloud-Anbieter außerhalb von EU liegen[24]. Ein weiterer Nachteil ist der Zugriff,
welcher ausschließlich über das Internet erfolgen kann.

3.2 Plattform as a Service (PaaS)

Wie bereits in Kapitel zwei beschrieben, umfasst die mittlere Ebene PaaS komplett eingerichtete Plattformen mit Ressourcen aus der Cloud als Dienstleistung, auf denen Anwendungsentwickler Cloud-Software-Anwendungen erstellen können.

Ein Vorteil ist, dass der Anwendungsentwickler sich mit der Anschaffung und Verwaltung des Servers, wie die Installation, Wartung und dem Backup nicht mehr beschäfti-
gen muss. Der administrative Aufwand bezieht sich somit nur auf die eigene Anwen-
dungsebene. Somit hat der Anwendungsentwickler die Möglichkeit, sich ganz auf seine
eigene entwickelte Anwendung zu konzentrieren. Die komplett eingerichtete Plattform
bietet dem Anwendungsentwickler die Möglichkeit, seine entwickelten Anwendungen
zu erstellen, testen und diese in der Cloud bereitzustellen[25]. Dem Nutzer wird die IT-
Leistung auf einer maximal ausfallsicheren IT-Infrastruktur bereitgestellt. Außerdem
besteht der Vorteil, dass die Anwendungen in kontrollierter, skalierter Umgebung ausgeführt werden können. Die Rechenleistung wird bei PaaS-Lösungen „aus der Wolke" bezogen und kann in Sekunden von einem auf mehrere hundert Server zurückgrei-
fen. Gefragt ist diese Art der Dienstleistung insbesondere für Datenbankanwendungen,
denn mit der Plattform können Unternehmen ihre eigenen Datenbankanwendungen und
deren verbundenen hohen Auslastungen optimal bedienen. Beispielsweise kann sogar
der PaaS-Anbieter dem Nutzer die Information weitergeben, welche genauen Server
benutzt werden und was die Ursachen für die Rechenleistungen sind. Für einen Anwen-

---

[24] Vgl. Cloudlist.de - IaaS (2011).
[25] Vgl. Melzer, I. (2010), S. 357.

dungsentwickler kommen meistens bei mehreren Kunden mehrere Hoster und unterschiedliche Zugangsdaten zu. Doch bei einer PaaS-Lösung ist es vorteilhaft, dass man nur auf eine einzige Plattform zugreift, auf welcher man die Anwendungen für alle Kunden entwickeln, testen und hosten kann. Somit entfallen die unterschiedlichen Zugangsdaten. Einen weiteren Vorteil gibt es bei der Bezahlung. Die Bezahlung erfolgt nach dem Pay-per-use-Prinzip. Dies bedeutet, dass nur bezahlt wird, was auch tatsächlich an Ressourcen verbraucht wurde. Bei Verbrauch von wenigen Ressourcen sind die Kosten gering und bei mehr Ressourcen dementsprechend auch mehr. Ein Beispiel für eine Anwendung, die mehr Ressourcen verbrauchen könnte, ist ein umfangreiches Content Management System (CMS)[26]. Die Dienstleistung bei PaaS wird als Service über das Internet zur Verfügung gestellt und bringt durch die weltweite Zugriffsmöglichkeit einen weiteren Vorteil mit.

Neben den vielen Vorteilen stellt die Abhängigkeit von externen Cloud-Anbietern einen großen Nachteil dar. Bemerklich macht es sich dies vor allem, wenn das Unternehmen auf den PaaS-Dienst angewiesen ist und der Cloud-Service-Anbieter dabei ausfallen würde. Weitere Nachteile sind, dass die sensiblen Daten beim externen Dienstleister abgelegt sind und die Spionagemöglichkeit im Gegensatz zu der internen Datenspeicherung hoch eingestuft wird[27].

3.3 Software as a Service (SaaS)

Wie bereits in Kapitel zwei erläutert, wird mit einer SaaS-Lösung eine fertige Software-Anwendung als Service angeboten. Dabei werden die Infrastruktur-Ressourcen und Applikation in gebündelter Form bereitgestellt.

Der Vorteil ist, dass ein geringer Investitionsaufwand besteht, da keine zusätzliche Hardware erforderlich ist. Die Lösung ist schnell einsatzfähig, da kein physikalischer Rechner mit spezieller Software und individueller Anpassung benötigt wird. Somit entfällt die Einrichtung und Wartung der Software für den Nutzer. Für die Verwendung der SaaS-Lösung ist nur ein Webbrowser erforderlich, da die SaaS Anwendungen sich als Web-Anwendungen im Webbrowser präsentieren. Dabei ist es auch von Vorteil, dass die Rechenleistung des Nutzers nicht mit der Verarbeitung der Daten der SaaS-

---

[26] Vgl. t3n.de (2010).
[27] Vgl. Cloudlist.de - PaaS (2012).

Anwendung beschäftigt ist[28]. Zudem bringt die große Anzahl der Nutzer eine hohe Sicherheit mit. Das liegt daran, weil die SaaS-Lösung sogar einige Hundert von Unternehmen verwenden und auftretende Probleme dabei so schnell wie möglich vom Anbieter beseitigt werden müssen. Hinzu kommt, dass bei der SaaS-Lösung alle Nutzer mit der gleichen Softwareversion arbeiten und dies führt zu dem Vorteil, dass Versionskonflikte unter den Nutzern ausgeschlossen sind. Außerdem werden die Upgrades oder Patches durch den Anbieter kontinuierlich eingespielt und die SaaS-Anwendungen erhalten somit ihre Aktualität. Dies ist auch ein bedeutender Vorteil für den Nutzer, da dabei für die Aktualisierung der hohe Zeitaufwand wegfällt. Zusätzlich hat der Nutzer die Möglichkeit, jederzeit von überall auf der Welt über die Internetverbindung auf die SaaS-Anwendung zuzugreifen.

Durch die große Anzahl der SaaS-Nutzer, die zu einer hohen Sicherheit führen, können auch Nachteile entstehen. Die Kunden können beispielsweise bei Viren- und Pishing-Attacken miteinbezogen werden. Aus diesem Grund sind die SaaS-Lösungen in Bezug auf die Datensicherheit riskant. Die Abhängigkeit vom SaaS-Anbieter stellt einen weiteren Nachteil dar. Aus diesem Grund sollten vor Vertragsabschluss die Vertragsbedingungen sehr genau durchgelesen werden. Vor allem sind die Antworten auf die folgenden Fragen relevant:

- Wer ist verantwortlich dafür, wenn die Daten verloren gehen oder beschädigt werden?

- Wer ist verantwortlich dafür, wenn Unbefugte Zugriff auf die Daten haben?

- In welcher Form bekommt man die Daten zurück, wenn der Vertrag gekündigt wird?

- Ist der Einsatz der Daten problemlos auf eigenen Systemen oder auf den von anderen Anbietern möglich?

Da für die uneingeschränkte Verwendung der SaaS-Anwendung eine stabile Internet-Anbindung vorausgesetzt wird, führt dies auch zu einem Nachteil. Allerdings sollte dies kein großes Problem darstellen, denn die Internet-Verbindungen sind mittlerweile meistens stabil und sicher. Diesbezüglich sollte vor Vertragsabschluss in erster Linie in Er-

---

[28] Vgl. Melzer, I. (2010), S. 357.

wägung gezogen werden, wie oft in Vergangenheit die Verbindung aus technischen Gründen ausgefallen ist[29].

3.4 Zusammenfassung der Servicemodelle

	IaaS	PaaS	SaaS
Abstraktionsgrad	Sehr niedrig	Mittel	Sehr hoch
Verwaltungsaufwand	Hoch	Mittel	Niedrig
Anpassbarkeit	Sehr hoch	Hoch	Sehr gering
Zielgruppe	Systemhäuser IT-Dienstleister IT-Abteilungen Anwendungsentwickler	Anwendungsentwickler	Endanwender
Bezahlung	Pay per Use	Pay per Use	Pay per Use

Tabelle 1: Zusammenfassung der Hauptebenen[30]

---

[29] Vgl. computerwoche.de (2008).
[30] Vgl. Meir-Huber , M. (2011), S. 30.

4 Fazit

4.1 Zusammenfassung

Die verschiedenen Servicemodelle Infrastructure as a Service (IaaS), Platform as a Service (PaaS) und Software as a Service (SaaS) bieten dem Nutzer eine große Auswahlmöglichkeit für den richtigen Cloud-Service.

Die Hauptvorteile bei der Nutzung von Cloud Computing sind die signifikanten Kostenersparnisse sowie eine höhere Skalierbarkeit und Flexibilität. Mit Cloud Computing müssen im Voraus keine Kosten für Hardware und Software angeschafft werden, da die Kapitalkosten in laufende Kosten umgewandelt werden. Es gibt keine zeitaufwendige und teure Administration mehr. Denn die Infrastruktur wird nicht mehr in Wochen oder Monaten, sondern kann in wenigen Minuten eingerichtet werden. Software müssen für die Benutzung nicht mehr gekauft werden. Die Installation von Softwareupdates erfolgt automatisch. Weiterhin können die IT-Ressourcen flexibel und dynamisch angepasst werden. Somit ist die voraussichtliche Planung der benötigten IT-Ressourcen nicht mehr erforderlich. Zudem entfallen die ungenutzten Ressourcen, was bedeutet, dass die Diskrepanz zwischen der reservierten Kapazität und der Durchschnittslast entfallen. Dadurch gibt es nicht nur Kostenersparnisse, sondern die unnötige Umweltbelastung wird auch vermieden. Des Weiteren können mit Cloud-Lösungen die Daten auf der ganzen Welt zu jeder Zeit abgerufen werden.

Neben den vielen Gründen für den Einsatz von Cloud Computing bestehen Hindernisse und offene Fragen. Diese sind die nicht gegebene Kontrollfähigkeit der Hardware, die Bedenken hinsichtlich der Gewährleistung der Datensicherheit, die Abhängigkeit vom Cloud-Anbieter sowie die Voraussetzung einer Internet-Anbindung.

4.2 Ausblick

Bei der Nutzung von Cloud-Services ist ein Wachstum zu sehen und der Cloud Markt wird immer weiter wachsen. In Zukunft werden sich die Cloud-Lösungen im industriellen so wie auch privatem Umfeld weiter entwickeln. Mit Cloud Computing werden bereits weltweit Umsätze im zweistelligen Milliarden-Dollar-Bereich erzielt[31]. Die jährliche Wachstumsrate im deutschen Cloud-Markt liegt bei 40 Prozent. Durch das hohe

---

[31] Vgl. BITKOM-Leitfaden (2009), S 13-14.

Einsparpotenzial werden immer mehr Unternehmen Cloud Angebote nutzen. „Als Gründe für das Arbeiten in der Cloud wurden von deutschen Unternehmen, die Cloud-Services nutzen, die höhere Flexibilität (63 Prozent), verbesserte Produktivität (55 Prozent) oder Kosteneffizienz (50 Prozent) genannt. Und für 49 Prozent ist Cloud Computing von strategischer Bedeutung"[32]. Besonders können kleine und mittlere Unternehmen mit Cloud Computing hochinnovative Leistungen beziehen und effizienter arbeiten. Unternehmen können sich somit auf das Kerngeschäft konzentrieren und gleichzeitig den Wettbewerb steigern. Für Start-up-Unternehmen ist die Cloud ein Segen. Denn es bietet die Möglichkeit, ohne kapitalintensive Investitionen in IT-Infrastruktur und Software eine Geschäftsidee schnell umzusetzen und mit dem Zuwachs des Erfolges können weitere Ressourcen hinzugekauft werden.

---

[32] Microsoft.com (2012).

Literaturverzeichnis

Literaturquellen

Baun, C. et al. (2011)   Christian Baun: Cloud-Computing: Cloud Compu-ting: Web-Basierte Dynamische It-Services, Sprin-ger DE, Berlin, 2. Auflage, 01.01.2011

Carlson, I. (2012)   Ingmar Carlson: IT - Der Weg vom reaktiven Unter-stützer zum Generator strategischer Wettbewerbs-vorteile, GRIN Verlag, o. O., 22.12.2012

Forschepoth, M., Frischbier, A. (2011) Marcus Forschepoth, Anne Frischbier: Vor- und Nachteile von Cloud Computing, GRIN Verlag, Norderstedt, 1. Auflage, 2011

Melzer, I. (2010)   Ingo Melzer: Service-Orientierte Architekturen Mit Web Services: Konzepte - Standards - Praxis, Sprin-ger DE, Heidelberg, 4. Auflage, 01.01.2010

Meir-Huber , M. (2011)   Mario Meir-Huber: Cloud Computing Praxisratgeber und Einstiegsstrategien, entwickler.press, Frankfurt a.M., 2011

Meinel, C. et. al (2011)   Meinel, Christoph, Willems, Christian, Roschke, Sebastian, Schnjakin, Maxim: Virtualisierung und Cloud Computing: Konzepte, Technologiestudie, Marktübersicht, Universitätsverlag Potsdam, Pots-dam, 2011

Schwarzmeier, S. (2012)   Stefan Schwarzmeier: Analyse der Anforderungen an Business Intelligence as a Service (BIaaS), GRIN Verlag, Berlin, 30.07.2012

Seidl, D. (2011)   Daniel Seidl: Cloud-Computing: Vom Hype zur Realität?, GRIN Verlag, Norderstedt, 1. Auflage, 2010

Internetquellen

BITKOM-Leitfaden (2009) bitkom.org, Prashant Barot et al.: BITKOM-Leitfaden: Cloud Computing - Evolution in der Technik, Revolution im Business, Quelle: http://www.bitkom.org/files/documents/BITKOM-Leitfaden-CloudComputing_Web.pdf, Abgerufen am 06.06.2013 um 12:22 Uhr

bsi.bund.de (2013) bsi.bund.de, o V.: Cloud Computing Grundlagen, 2013, Quelle: https://www.bsi.bund.de/DE/Themen/CloudComputing/Grundlagen/Grundlagen_node.html, Abgerufen am 03.06.2013 um 12:48 Uhr

Cloudlist.de - IaaS (2011) Cloudlist.de, Andreas: Was bedeutet IaaS?, Quelle: http://cloudlist.de/was-bedeutet-iaas/, Abgerufen am 05.06.2013 um 15:26 Uhr

Cloudlist.de - IaaS (2012) Cloudlist.de, Andreas: Was bedeutet PaaS?, Quelle: http://cloudlist.de/was-bedeutet-paas/, Abgerufen am 05.06.2013 um 15:46 Uhr

computerwoche.de (2008) computerwoche.de, o. V.: Christoph Lixenfeld: SaaS: Lösungen aus der Leitung, Quelle: http://www.computerwoche.de/a/saas-loesungen-aus-der-leitung,1854899,7, Abgerufen am 05.06.2013 um 16:44 Uhr

c.teamwox.com c.teamwox.com, o V.: SaaS, Quelle: http://c.teamwox.com/articles/2010/4/SaaS_pic.png, Abgerufen am 03.06.2013 um 13:25 Uhr

heike-wiesner.de heike-wiesner.de, o V.: Cloud Computing Ebenen - Pyramide, Quelle: http://www.heike-wies-

ner.de/mediawiki/images/thumb/4/46/Cloud_ebenen
_pyramide.png/250px-Cloud_ebenen_pyramide.png,
Abgerufen am 03.06.2013 um 12:55 Uhr

Microsoft.com (2012)

Microsoft.com, o. V. : Pressemitteilung: Microsoft –
Deutscher Mittelstand profitiert von Cloud Computing, Quelle: http://www.microsoft.com/de-
de/news/pressemitteilung.aspx?id=533474, Abgerufen am 30.06.2013 um 12:10 Uhr

synergygs.com

synergygs.com, o V.: Cloud Computing Types,
Quelle:
http://www.synergygs.com/Data/Images/Cloud_com
puting_types.jpg, Abgerufen am 03.06.2013 um
13:33 Uhr

t3n.de (2010)

t3n.de, o. V.: Sponsored Post: Fünf Vorteile von
Platform-as-a-Service, Quelle:
http://t3n.de/news/sponsored-post-funf-vorteile-
platform-as-a-service-286535/, Abgerufen am
05.06.2013 um 16:26 Uhr